贈る飾る
私の
切り紙

矢口加奈子
YAGUCHI KANAKO

イースト・プレス

KIRIGAMI

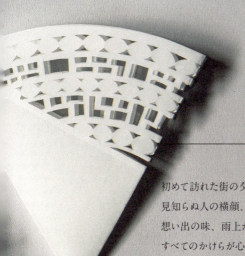

## INTRODUCTION

初めて訪れた街の夕暮れの空や、いつも通るお気に入りの散歩道、急ぎ足で歩く
見知らぬ人の横顔、偶然再会した友達の何気ないひとこと、今日家族と食べた
想い出の味、雨上がりの植物の匂い。
すべてのかけらが心と体の片隅に収まっていて、そのさまざまな記憶が浮かんだり
繋がったりして一枚の切り紙に表れる。
ちょっとした気持ちの動きで手から伝わる何かがその紙のかたちを変えていく。
忘れられない瞬間や歓びや想いが、あるかたちに辿り着く。それは、開くまで
わからない。想像とは違うこともあるけれど、想いもよらないかたちに出会えるのが
切り紙のおもしろいところ。折った分だけ歓びも広がっていく。
切り紙をする紙は、折り畳んだ時に出来れば薄いほうがいいし、広げた時には
柔らかでありながら強いほうがいい。
特に和紙には精妙があり、ほんの少しの厚みや紙の色合いの微妙な違いは、
さまざまな日常の機微を表現できるのでは、と。
わずかに揺れる心、一瞬の想いは、日常に溶け出す前にいつもより少し特別な
紙で残したい。
昨日感じた高揚感、あの日感じた既視感、日々の機微、いつの間にか変わる
陰影を一枚の和紙で創る切り紙に込めて。

## CONTENTS

| | |
|---|---|
| 3 | INTRODUCTION |
| 6-41 | 矢口加奈子 切り紙ギャラリー |
| 42 | 和紙と切り紙 |
| 44 | 贈る、飾る、切り紙アレンジ |
| 45 | 家に迎える |
| 46 | ちょっと贅沢な休憩 |
| 48 | きりりと慎ましく |
| 50 | 文字に想いを込めて |
| 52 | 想い出を部屋に飾る |
| 54 | 特別な日を結ぶ |
| 55 | 頂いたものを大切に使う |
| 56 | 密かな主役 |
| 58 | 季節の風を感じる |
| 60 | 宝石のように光る |
| 62 | MESSAGE |
| 64 | 切り紙の作り方 |

車窓から見える景色から、遠くに住む友人のことを、ふと思う。今どうしているだろうか。線路はどこまでも続き、行こうと思えば行けるはずなのに、なかなか辿り着かない場所。今日も明日もいい日になりますようにと、ひととき思う。

坂道が多い東京の街。一段一段階段を上ると丘の上からは大小の建物群が一面に見渡せる。さまざまなかたちの屋根やビルがきらきらしている。行こうと思えばどこまでも行ける。近くにもまだ知らない道がある。

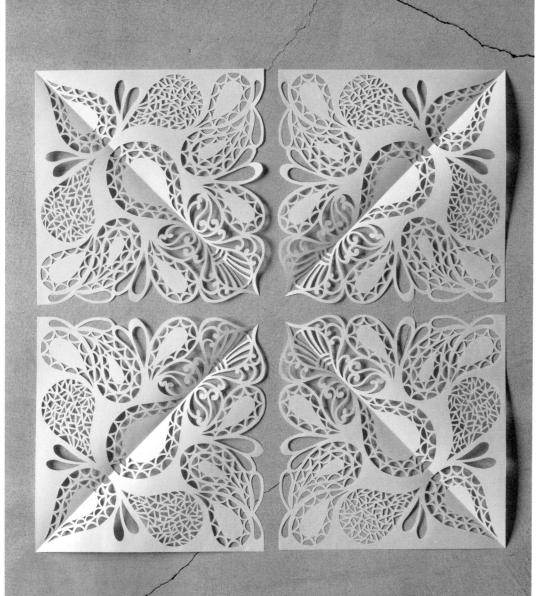

日本語の文字のかたち、さまざまな文字のかたちは長い時間をかけて出来あがり、それぞれがどこか交差して繋がっている。それぞれの人が読めない言語をいろいろと混ぜこぜにしたらこんなかたちになったりして。

繰り返す波動、ころころと転がるボール、よせてはかえす波、波長の合う人合わない人。同じようなタイミングで日常は繰り返しているようで同じ一瞬は二度とない。はっとする偶然のタイミング。

名前を知らない小さな一輪。初めて見た彼岸花。季節には少し早すぎる夏の終わり。濃く茂る緑の中から浮かび上がってこちらを向いている可憐な花たち。

悩みや、遠回りでなかなか解決しなかったことが、突然の閃きで霧が、さっとはれるように飛んでいく、そしてどこかで繋がって実を結ぶ。ずっと前に忘れていたことを急に思い出してかたちになる時がある。

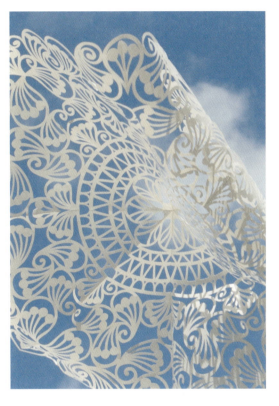

映画のひとコマのような、ずっと未来の世界の
ような、砂漠の夕暮れのような、昨日見た夢の
ような、廃墟のような、下町の迷路のような。

どこかで鳥が鳴いている。森の中、街の中で立ち止まると、聞こえるその声の主の姿は見えず。羽ばたく鳥、飛べない鳥、渡り鳥、カラフルな鳥、青い鳥、籠の中の鳥、佇む鳥。

ちらちら降り始めの雪。きりっとした空気。たまには積もったらいいのに。でも今日も積もらない。真っ白にはならない地面に落ちた、その一粒たちの愛おしさ。もうすぐ溶けて消えていく。

線香花火と対光反射。火と水。朝と夜。人の
体の内と外。トンネルを抜けた時の眩しさ。
相対するもの。目を閉じて開く。感じる対。

傘にあたる雨音の旋律。さっきまで晴れていたのに、急な雨宿り。急がずゆっくりするのもいい。雨上がりの水たまりに落ちる水滴の跳ねる音が聞こえる。

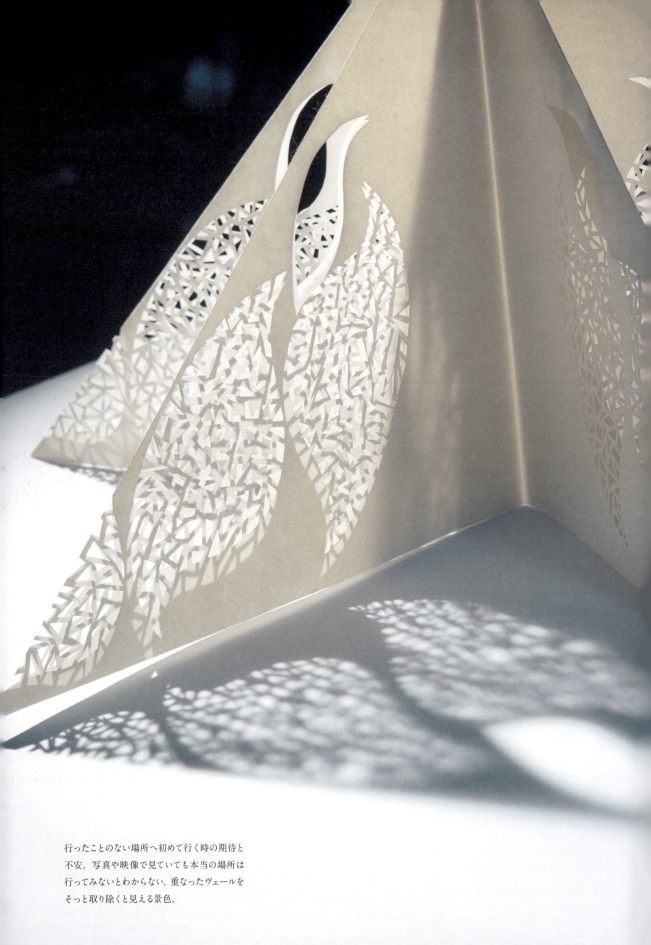

行ったことのない場所へ初めて行く時の期待と
不安。写真や映像で見ていても本当の場所は
行ってみないとわからない。重なったヴェールを
そっと取り除くと見える景色。

味見する時のほんの一口は、なぜか秘密の味がする。みずみずしい果実。旬のもの。好物を美味しそうに食べる時の顔がいい。

大きく伸びをする、ぴょんぴょんと飛び跳ねる、遠くを見つめる、手をあわせて屈伸、手足を回す、震わせる。体を動かし、ときどき休憩。

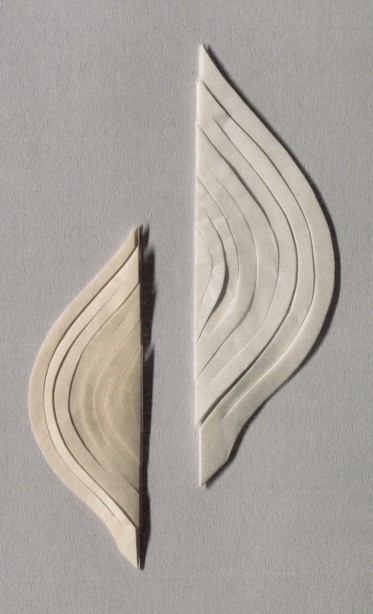

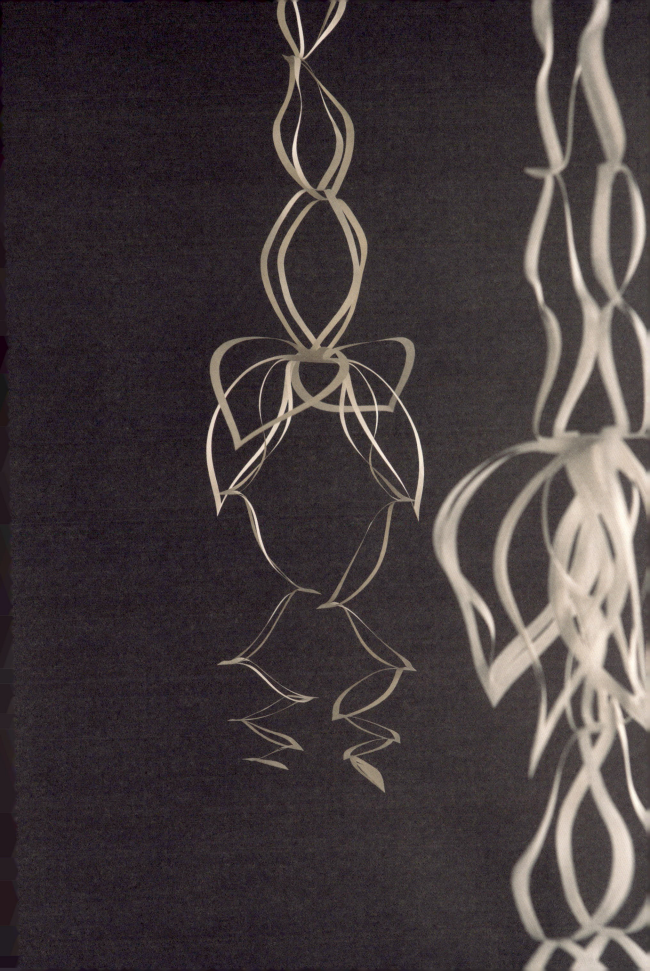

拡散していく言葉。伝染する気持ち。伝わる温度。私が思う気持ちが、感覚もかたちも変わらないで伝わったらいいのに。同じように見えているだろうか。この感覚。

夕暮れの風に揺れるつぼみ。明日にはきっと咲きそうな膨らみ。明日もこの道を忘れずに通って観察してみよう。まだつぼみでもそのうち咲くはず。

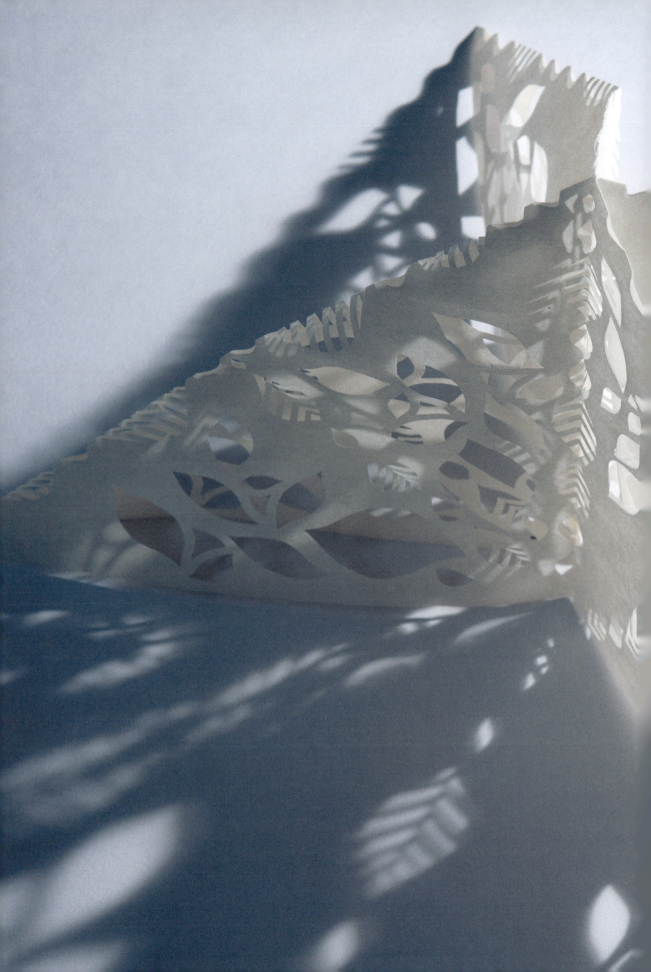

寒くもない暑くもない、ちょうどいい温度。急に冷え込むちょっと前。急に暑くなるちょっと前。ふんわりふんわり柔らかい。

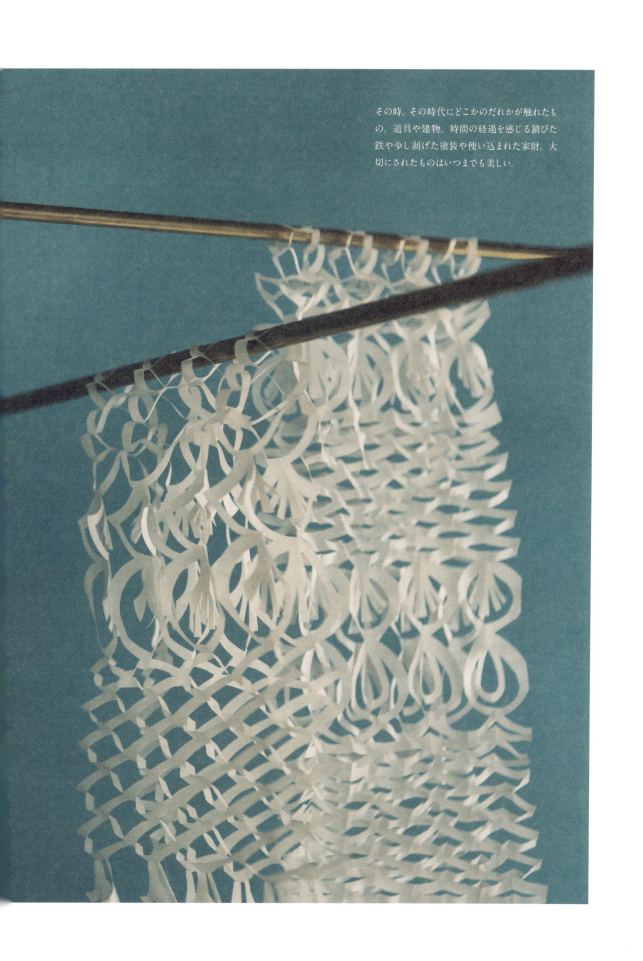

その時、その時代にどこかのだれかが触れたもの。道具や建物。時間の経過を感じる錆びた鉄や少し剥げた塗装や使い込まれた家財。大切にされたものはいつまでも美しい。

和紙と切り紙

笑顔のこけしとおめでたい漢字の切り紙
越中八尾「桂樹舎」の和紙の箱

越前和紙、美濃和紙、伊予和紙、土佐和紙など産地は日本各地にあり、その土地の風土が創り出すそれぞれに歴史と特徴と風合いがあり奥深い。
ふだんの生活の中で和紙を身近に使うとしたら、お習字か茶道程度しか思いつかなかった。ずいぶん前に何度か和紙づくり体験をしたくらい。そんな浅い知識で向かった工房には東京から3時間ほどで到着。越中八尾は「おわら風の盆」で知られる静かな山間の街。川沿いにある工房は、しっとりと佇んでいる。もともと八尾和紙は、加工する紙として製造され、富山の薬売りが使用するカバンに使用されるなど耐久性に優れ、生活に根付いた和紙だ。その力強さと繊細さを持つ八尾和紙で「こけし」と「漢字」をモチーフにした切り紙の模様の箱を製作してもらった。人に些細な歓びを贈る、そんなひと品。

## 家に迎える

たまにはお家に大切な人を招いて、ほんのひと時を一緒に過ごす。切り込みに互い違いに紙を差し込んで。ほんのひと手間で新しいかたちのでき上がり。

→ P65

## ちょっと贅沢な休憩

仕事の合間、家事の合間、気分転換になりそうなかたちを。紙をやさしく引き上げると、テーブルに小さな花が咲いたり、幾重もの輪がうまれたり。

→ P65, 66

きりりと慎ましく

いつも使っている花瓶。新しいものを買うのもいい
けれど凹凸のある切り紙で包んだら大好きな花も
新しい雰囲気に。

→ P66, 67

## 文字に想いを込めて

寿、祝、喜。おめでたい漢字を贈りものにそえて。
文字のかたちをそのままに。気持ちを表して届けたい。

→ P68, 69

想い出を部屋に飾る

ずいぶん前に拾った木の実や花を切り紙のトレイで飾ったら、いろいろなことを思い出した。お掃除のついでに閉まっていた想い出も飾る。

→ P70, 71

特別な日を結ぶ

大袈裟なことではないけれど、さり気なくお祝いしたいとき、切り紙で結んだかたちで思いが届きますように。

→ P72, 73

### 頂いたものを大切に使う

この前もらったペンを部屋に飾るように使う。普段
使っている鉛筆もこんなふうに一緒に置いたら、いい
アイデアが浮かびそう。

→ P73, 74

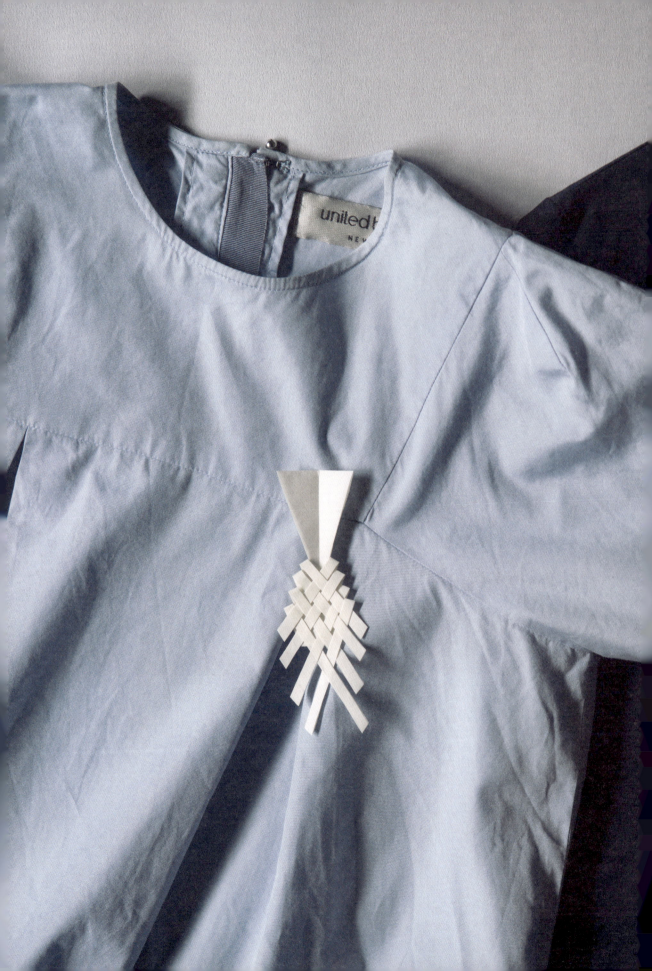

### 密かな主役

編み込んだり、重ねたり、ねじって差し込んだり。祈りを込めて丁寧に切っていく。近所の神社でほんのひととき、手を合わせるような穏やかな気分でつくってみる。

→ P74, 75

## 季節の風を感じる

春の訪れを告げる風、夏の終わりの涼風……。どの季節にも季節ごとの心地よい風がある。風の通る場所に吊るして、その季節の風にゆれる切り紙を楽しむ。
→ P76

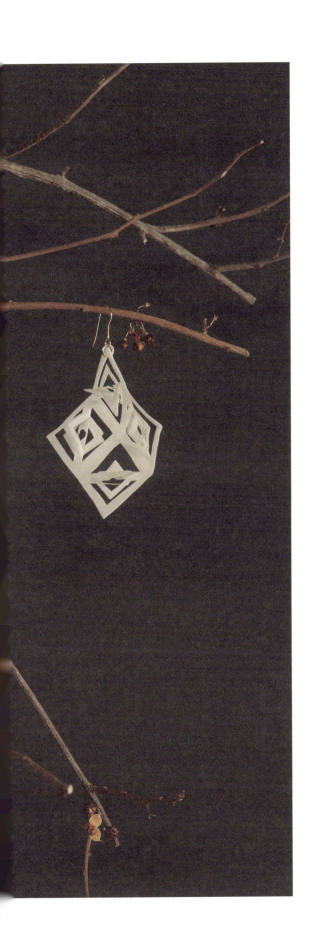

宝石のように光る

軽やかに柔らかく、自分自身を飾ってみる。
和紙の透明感は、儚い夢のよう。大人だからこそ、
たまにはそんな日があってもいい。

→ P78

# MESSAGE

切り紙作家と自称して早15年ほど。さまざまなモノづくりを自らの手で製作するための軸として学生の頃から切り紙を始めた。紙は何でもよくて、新聞でも包装紙でもコピー用紙でも。でも今回は、さまざまな和紙と向き合う。
今までいろいろな紙を切ってみたが、近くて遠い存在だった和紙で切り紙を。
そうして制作した作品を、こんなかたちで見てもらえる日がくるとは、なんとありがたい！
切った紙を広げるたびに自分自身の機微に触れるように思う。
そんな小さな経験の積み重ねで、私は日々切り紙と向き合っている。
微妙に揺さぶられるある一瞬の想いと、繊細であり逞しくある和紙が、はさみを入れていくごとに溶け合って一枚の切り紙になる。
この一冊で、人とのやりとりのどこかの一端をそっと支えるようなことができれば嬉しい

## 切り紙の作り方

HOW TO MAKE KIRIGAMI

## 折る　切る　開く

と、切り紙の基本はいたってシンプル。
一枚の紙の大きさや素材、切る前のかたちや折り方が違うだけで、切り紙にも変化が出ます。
和紙をひとつとっても、厚さや色合い、始めのかたちが丸いのか細長いのか、どんなふうに折るか、そしてどんなかたちに切り取っていくかでたくさんのかたちに変化していく奥深い制作方法です。
ハサミと紙があれば作ることのできる切り紙。
さて、あなたはどんなかたちを作ってみますか。

### 切り紙を生み出す道具たち

**ハサミ**　　**紙**　　**カッター**　　**のり**

ハサミ
切り紙の必需品です。どんなハサミでも出来ますが、自分の手の大きさに合う、使い慣れているハサミを使いましょう。できれば紙専用にして少し先のとがったもののほうが切りやすいです。

紙
和紙や折り紙はもちろん、包装紙や新聞紙など。中でも折り紙は、手に入りやすいので挑戦しやすいです。いろいろな模様やサイズがあるので作品の表情もさまざまに楽しめます。

カッター
ハサミでは切り抜くことの出来ないところや、細かい部分を切る時に便利です。デザインカッターは、より繊細な部分を切る時に適しています。

のり
完成した作品をスクラップブックや手帳に貼る時や、切り紙を立体的なかたちに完成させる時には、固形のり（スティックタイプ）のほうが液状のものより仕上がりがきれいです。

※作り方の図は縮小されているものもあります。「切り図の縮小率・拡大率」を参考にすると掲載作品と同じ切り紙に仕上がります。　※紙のサイズに合わせて、図案をコピーしホチキスなどで固定させて切るか、「切る」図案をトレーシングペーパーなどで紙に写したものを、折った紙の一番上に重ねてホチキスなどで固定させてから紙を切ります。

HOW TO MAKE

作品に使用した紙：折り紙
切り図の縮小率：70%

1. 折る

同じ大きさの紙を2枚重ね、4つ折りにする。

2. 切る ― 切る線

3. 開く

同じものをもう1セット作る。

4. 組み立てる

切り込みに、たがい違いに差し込む。輪にする場合は左右両端もすべて差し込む。

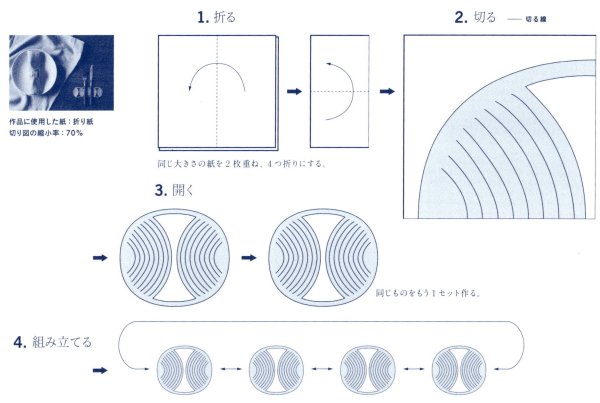

作品に使用した紙：雁皮紙（はりのある薄い和紙）
切り図の拡大率：115%

1. 折る

紙を4つ折りにする。

2. 切る ― 切る線

3. 開く

4. 組み立てる

切り終わった切り紙の中心を押さえ、周りを引き上げる。

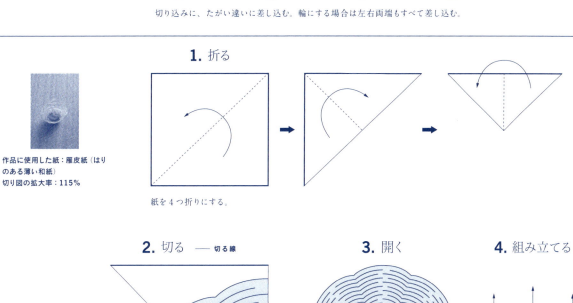

作品に使用した紙:雁皮紙(はりのある薄い和紙)／横長の紙を使用
切り図の拡大率:130%

### 1. 折る

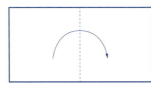

紙を8つ折りにする。
※折り山側の向きを間違えると作品どおりの絵柄になりません。図案を写すときは、折り山側の向きに注意しましょう。

### 2. 切る —— 切る線

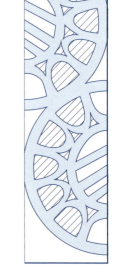

斜線部分はカッターで切り抜く。

### 3. 開く

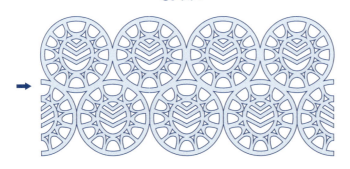

---

作品に使用した紙:折り紙／縦長の紙を使用
切り図の拡大率:135%

B

### 1. 折る

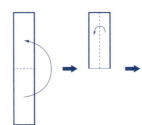

紙を4つ折りにする。

### 2. 切る —— 切る線
・・・ 折る線

### 3. 開く 点線部分を山折りにし立体感をつける。

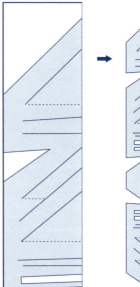

### 4. 組み立てる

切り終わったあと、紙を広げてから箱に巻きつけ、のりやテープなどでとめる。

HOW TO MAKE

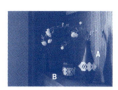

作品に使用した紙：メビウス墨絵帳（厚手の特殊な和紙）／縦長の紙を使用
切り図の拡大率：原寸

A

**1. 折る**

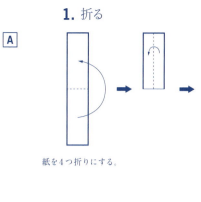

紙を4つ折りにする。

**2. 切る**  ── 切る線  ⋯⋯ 折る線

**3. 開く**

点線部分を山折りにし立体感をつける。

**4. 組み立てる**

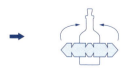

切り終わったあと、紙を広げてから箱に巻きつけ、のりやテープなどでとめる。

## 1. 折る

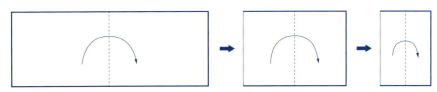

作品に使用した紙：色和紙（少し
厚みのあるやわらかい和紙）／
横長の紙を使用
切り図の拡大率：135％

紙を8つ折りにする。
※折り山側の向きを間違えると作品どおりの絵柄になりません。
図案を写すときは、折り山側の向きに注意しましょう。

## 2. 切る —— 切る線

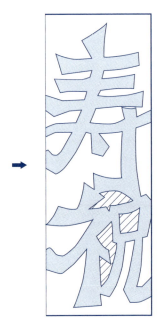

斜線部分はカッターで切り抜く。

## 3. 開く

→ **4. 組み立てる**　切り終わったあと、紙を広げてから箱に巻きつけ、のりやテープなどでとめる。

HOW TO MAKE

作品に使用した紙：染め和紙（少し厚みのあるやわらかい和紙）／
横長の紙を使用
切り図の拡大率：160％

**1.** 折る

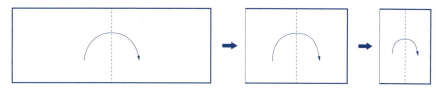

紙を8つ折りにする。
※折り山側の向きを間違えると作品どおりの絵柄になりません。
図案を写すときは、折り山側の向きに注意しましょう。

**2.** 切る ── 切る線

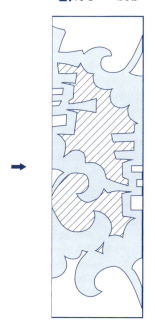

斜線部分はカッターで切り抜く。

**3.** 開く

→ **4.** 組み立てる　切り終わったあと、紙を広げてから箱に巻きつけ、のりやテープなどでとめる。

作品に使用した紙：椿紙（はりのある和紙）
切り図の拡大率：160%

## 1. 折る

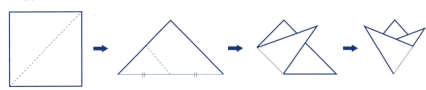

※折り方はA〜D作品共通　紙を三角6つ折りにする。

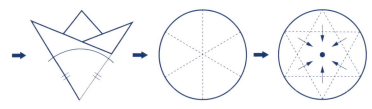

カーブに沿って丸く切る。　切り終わったあと、紙を広げてから中心に向かって折り線部分を折る。斜線部分はカッターで切り抜く。

## 2. 切る
―― 切る線
‥‥ 折る線

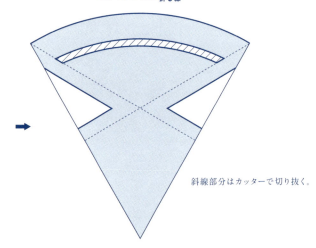

斜線部分はカッターで切り抜く。

## 3. 開く

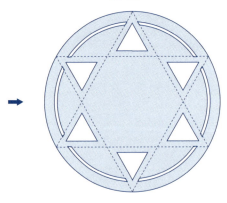

## 4. 組み立てる
折り線に沿って上へ折り曲げる。

HOW TO MAKE

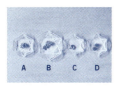
切り図の拡大率：255％

B

2. 切る　――切る線
　　　　　……折る線

3. 開く

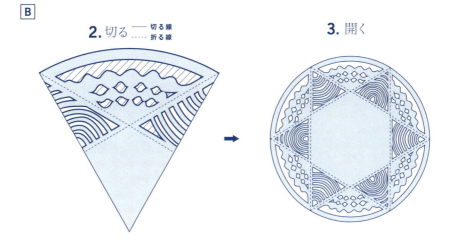

適した切り図の拡大率：200％

C

2. 切る　――切る線
　　　　　……折る線

3. 開く

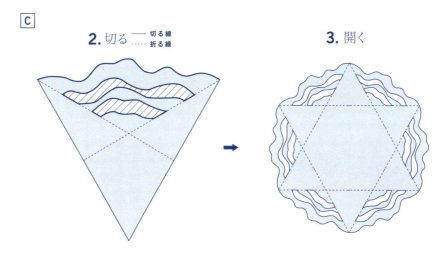

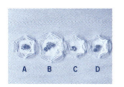
適した切り図の拡大率：200％

D

2. 切る　――切る線
　　　　　……折る線

3. 開く

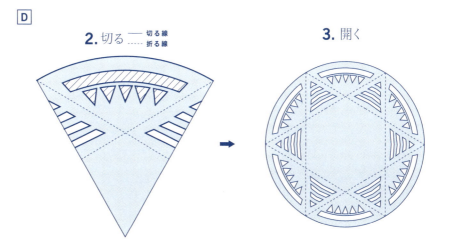

71

作品に使用した紙:色紙／縦長の
紙を使用
切り図の拡大率：175％

A

**1. 折る**

同じ大きさの紙を2枚
重ね、2つ折りにする。

**2. 切る** ── 切る線

**3. 開く**

切り終わったあと、模様が入っ
た面を2つ折りにする。

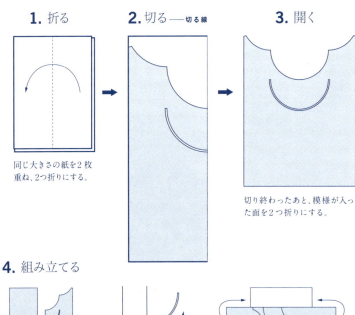

**4. 組み立てる**

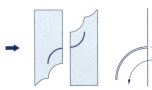

2枚の切り紙を図のように向き合わせ、切り込
み同士を差し込む。

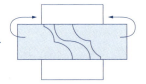

組み合わせた切り紙で、封筒などに巻き、裏をの
りやテープなどでとめる。※BとCも同様

作品に使用した紙:和紙／横長の
紙を使用
切り図の拡大率：200％

B

**1. 折る**

同じ大きさの紙を2枚重ね、2つ折りにする。

**2. 切る** ── 切る線

**3. 開く**

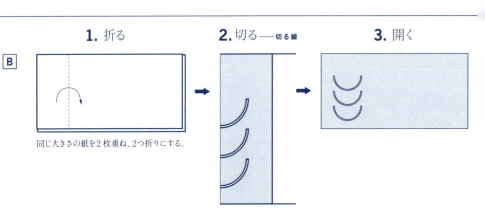

**4. 組み立てる**

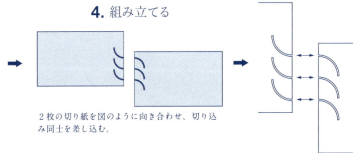

2枚の切り紙を図のように向き合わせ、切り込
み同士を差し込む。

組み合わせた切り紙で、封
筒などに巻き、裏をのりや
テープなどでとめる。

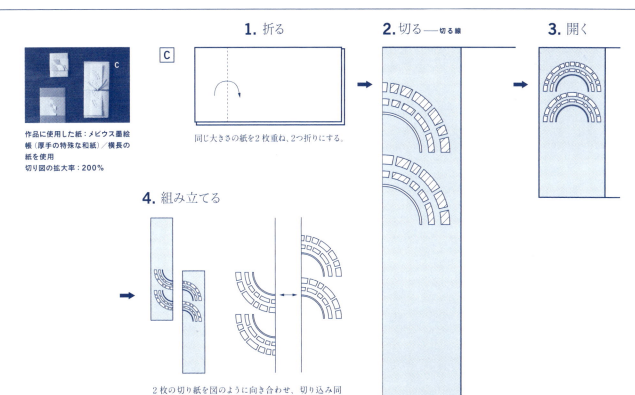
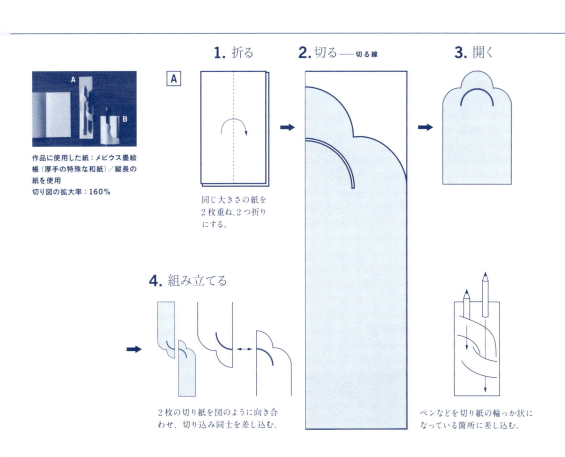

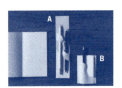

作品に使用した紙：メビウス墨絵帳（厚手の特殊な和紙）
切り図の拡大率：160%

B

### 1. 折る
同じ大きさの紙を2枚重ね、2つ折りにする。

### 2. 切る ——切る線

### 3. 開く
切り終わったあと、模様が入った面を2つ折りにする。

### 4. 組み立てる
2枚の切り紙を図のように向き合わせ、切り込み同士を差し込む。

ペンなどを切り紙の切り込み箇所に差し込む。

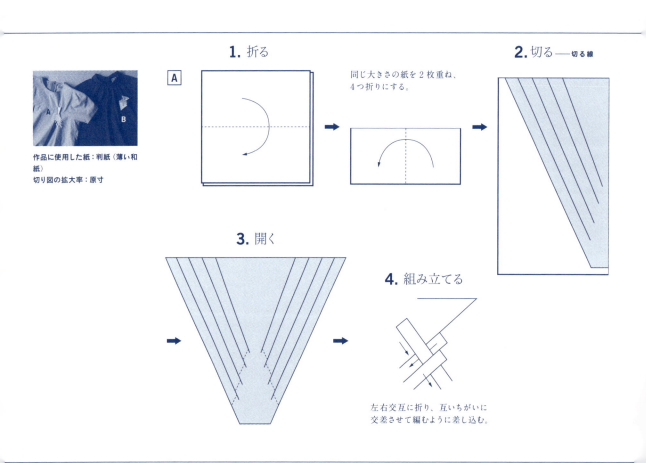

作品に使用した紙：判紙（薄い和紙）
切り図の拡大率：原寸

A

### 1. 折る
同じ大きさの紙を2枚重ね、4つ折りにする。

### 2. 切る ——切る線

### 3. 開く

### 4. 組み立てる
左右交互に折り、互いちがいに交差させて編むように差し込む。

HOW TO MAKE

作品に使用した紙：判紙（薄い和紙）
切り図の拡大率：原寸

## 1. 折る

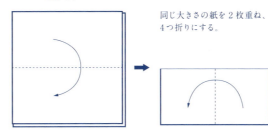

同じ大きさの紙を2枚重ね、4つ折りにする。

## 2. 切る —— 切る線

## 3. 開く

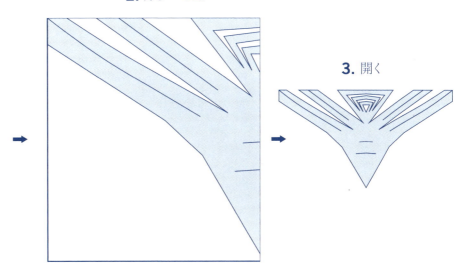

## 4. 組み立てる

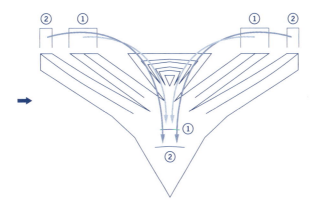

切り終わったあと、図のように2本ずつねじって差し込む。

作品に使用した紙：大判の折り紙／
横長の紙を使用
切り図の拡大率：120％

**1.** 折る

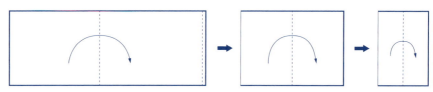

図のようにはじを1cmほど折って、はじをのりづけし筒状にしてから紙を8つ折りにする。
掲載作品のように表と裏で色を変える場合、表面に出したい色を内側にして折る。

**2.** 切る ── 切る線

Ⓐ 内側

**3.** 開く

**2.** 切る ── 切る線

Ⓑ 外側

**3.** 開く

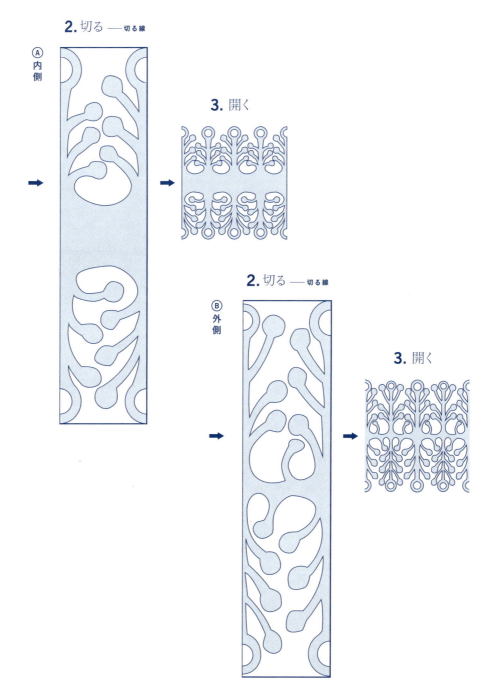

## 4. 組み立てる

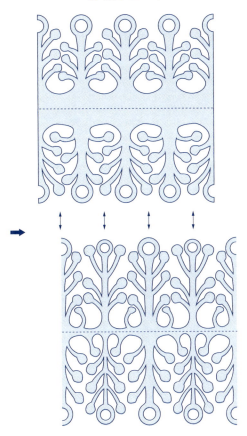

それぞれの切り紙を開いて、一方を中に入れ込み中心を合わせて、のりやテープなどでとめる。

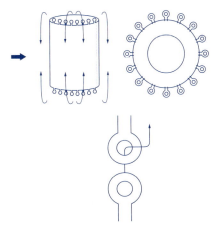

対面になる大きいほうの輪を小さいほうの輪に入れる。

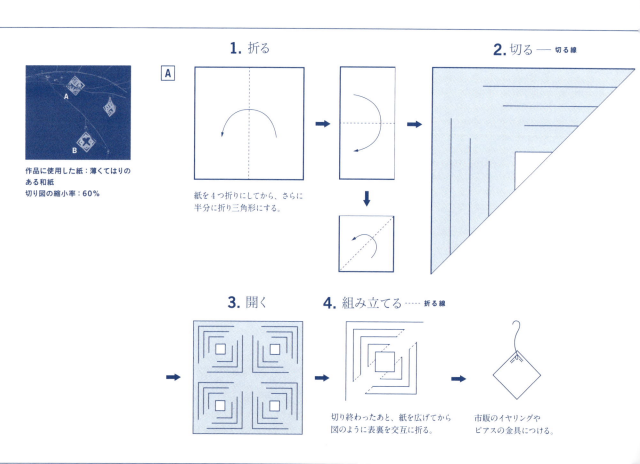

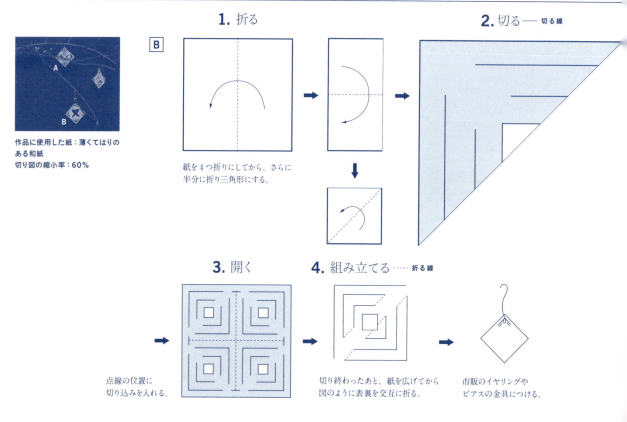

# PROFILE

矢口加奈子
**Kanako Yaguchi**

1976年、千葉県生まれ
女子美術大学芸術学部デザイン科卒

大学在学中より制作活動をスタート。
「切り紙」という表現方法を軸にさまざまなかたちで作品を発表。
切り紙を自らの手でプロダクトに落とし込む制作スタイルで「歓
よろこびのかたち」をテーマに独自の展開で活動する。
多分野の企業への作品提供や、プロダクトデザイン、作品展、
ワークショップ、装丁なども手がける。
著作も多数出版。実用書を始め、作品集や絵本も制作。初の
著作本は英訳版も出版され、「切り紙」を通して活動の場を国内
外に広げている。

www.yorokobinokatachi.com

## STAFF

撮影　　　デザイン　　　スタイリング
北田理純　　大場君人　　　大池那月

DTP　　　編集
松井和彌　　加藤有香

## SPECIAL THANKS

株式会社三越伊勢丹　　有限会社桂樹舎

贈る飾る 私の切り紙

2019年1月17日 初版第1刷発行

著者　矢口加奈子

発行人　北畠夏影

発行所　株式会社イースト・プレス
〒101-0051
東京都千代田区神田神保町2-4-7　久月神田ビル
TEL 03-5213-4700
FAX 03-5713-4701
http://www.eastpress.co.jp

印刷・製本　中央精版印刷株式会社

定価はカバーに表記してあります。
本書の無断転載・複製を禁じます。
落丁本、乱丁本は購入書店を明記のうえ、小社宛にお送りください。
送料小社負担にてお取替えいたします。

© Kanako Yaguchi 2019
Printed in Japan
ISBN978-4-7816-1739-8